DISCOURS

PRONONCÉ LE 23 DÉCEMBRE 1877

A LA RENTRÉE SOLENNELLE

DES CONFÉRENCES DES AVOCATS STAGIAIRES

PAR

M. Henri EBELOT

Bâtonnier de l'ordre des avocats près la Cour d'appel
de Toulouse.

TOULOUSE

IMPRIMERIE DOULADOURE

39, Rue Saint-Rome, 39

1877

DISCOURS

PRONONCÉ LE 23 DÉCEMBRE 1877

À LA RENTRÉE SOLENNELLE

DES CONFÉRENCES DES AVOCATS STAGIAIRES

PAR

M. Henri EBELOT

Bâtonnier de l'ordre des avocats près la Cour d'appel
de Toulouse.

TOULOUSE

IMPRIMERIE DOULADOURE

39, Rue Saint-Rome, 39.

1877

Imprimé aux frais de l'Ordre.

DISCOURS

PRONONCÉ LE 23 DÉCEMBRE 1877

A LA RENTRÉE SOLENNELLE

DES CONFÉRENCES DES AVOCATS STAGIAIRES

Monsieur le Premier Président,
Messieurs,

Lorsque vous m'avez nommé bâtonnier, — lorsque vous m'avez conféré cette dignité suprême qu'un avocat reçoit du jugement de ses pairs, — mon premier sentiment a été plein de surprise et d'inquiétude; tant d'autres avaient plus de droits ! — Faut-il vous l'avouer ? Je vous remerciais moins pour le fait que pour l'intention.

En examinant quels devoirs vous m'imposiez ainsi — car c'est aux devoirs que les honneurs se mesurent chez nous — j'ai vu que le principal consistait dans la direction de la Conférence et des travaux des avocats stagiaires.— Cette seule perspective a changé mes impressions, et je me suis réconcilié avec ma fortune.

La tradition veut que, dans la séance d'inauguration, je vous entretienne des règles et de la dignité de notre ordre ;

Soit qu'on ait pensé qu'il fallait faire connaître les avantages et les difficultés de la carrière, *emolumentum et onus*, à ceux qui vont en franchir le seuil ;

Soit que l'on ait craint de laisser décourager, par d'injustes attaques, les jeunes avocats qui sont l'espoir du barreau et la garantie de son avenir,

Vous savez, en effet, qu'il y a des formules toutes faites. — Les avocats plaident toutes les causes. Ils défendent les criminels les plus avérés ? — On les voit soutenir, à prix d'argent, le pour et le contre ? — L'esprit lui-même se déforme et se perd dans cette incessante alternative de juste et d'injuste !

Ces paradoxes peuvent se produire avec beaucoup de littérature et d'agrément; mais ce ne sont que des paradoxes, et il faut laisser tomber ces propos de gens d'esprit qui mettent une généreuse intrépidité — comme le font volontiers les gens d'esprit — à parler de ce qu'ils ignorent.

Un fait suffirait à répondre : — la perpétuité de nos

règles et de notre ordre. — Vous rencontrerez le barreau, depuis les temps antiques jusqu'à nos jours, sans autre solution de continuité que la barbarie ; — le temps où le jugement de Dieu, c'est-à-dire le combat, avait remplacé le jugement des hommes, c'est-à-dire la justice.

Démosthène était un avocat, comme Cicéron, comme Pline, et nous suivons encore, à travers les différences des temps, les règles qui les guidaient dans l'exercice de leur profession.

Une institution respectée, et, comme Homère, jeune encore après trois mille ans, n'est-elle pas une institution nécessaire ?

Maîs je conviens que c'est là une bien grosse réponse à des attaques bien légères, et qu'il vaut mieux se demander les causes de cette longue durée. — Peut-être dira-t-on que nous durons comme les procès, comme les maladies, et qu'il a toujours fallu des avocats comme il a toujours fallu des médecins.

Sans doute ! Mais c'est mal poser la question.

Il y a toujours eu, non-seulement des hommes portant le nom d'avocat et exerçant une profession semblable. — Mais, du moins, en France, des hommes exerçant leur profession sous l'empire de règles communes, obéissant à une juridiction particulière, librement choisie, librement acceptée par eux, animés d'un même esprit, formant un ordre et, pour mieux dire, une institution.

C'est là ce qu'il y a d'extraordinaire et ce qui nous frapperait d'étonnement si notre esprit savait s'étonner de ce qu'il a toujours vu.

Les institutions se transforment, se décomposent, s'éteignent; pourquoi pas celle-ci? A quelle source secrète puise-t-elle l'aliment d'une force et d'un éclat qui se renouvellent d'âge en âge et ne s'épuisent pas en se prodiguant?

Beaucoup vous répondront : Sa force est dans ses règles qui lui imposent l'honneur, le dévouement, le courage, les vertus qui durent et font durer.

Je ne méconnais pas ce qu'il y a de vrai dans cette réponse; cependant elle recule la difficulté plus qu'elle ne la résout.

Car ces règles, elles-mêmes, qui les inventa, qui les mit en honneur, qui leur obtint ce rare bonheur de se faire obéir partout et par tant d'esprits si divers? — Ne faut-il pas croire plutôt que les règles sont un effet et non pas une cause, que ce ne sont pas les règles qui ont créé notre profession et qui la maintiennent, — mais que notre profession, en s'exerçant, crée les règles et les développe, de même qu'un homme en marche crée le mouvement?

Examinons donc en quoi consiste cette profession, quel est ce travail privilégié qui nous amène de lui-même, sans que nous y songions, sans effort ni mérite de notre part, à pratiquer le travail, le dévouement, le désintéressement.

Un procès nous est confié, un procès qui nous est étranger et dont nous sommes chargés pour autrui.

Tout procès a pour base une action humaine, des faits dont la série, quelquefois complexe, est attestée par des documents, des actes, des témoignages.

Tout d'abord, il faut bien comprendre ces faits. — Nous commençons cette étude d'un œil indifférent; les faits le sont eux-mêmes. Quelquefois, c'est pire : ils sont ennuyeux.

Au bout d'un premier et rapide examen, la difficulté apparaît : voilà ce que demande notre client ou ce qu'on lui demande.

Est-ce juste? est-ce-injuste?

Nous n'avons pas encore d'opinion; mais si déjà une impression. Nous commençons à prendre couleur.

Cet homme, notre client, nous ne le connaissons pas. Nous ne l'avons peut-être jamais vu : mais enfin il nous a témoigné sa confiance, il s'est mis sous notre garde, il a éveillé en nous ce besoin de protection et de défense qui est au fond de tous les cœurs, que tant de gens ne trouvent jamais l'occasion d'exercer, mais que l'avocat exerce tous les jours et qui finit par devenir sa nature même. Il nous intéresse, il faut donc travailler pour lui.

D'ailleurs, le dernier résultat de nos efforts est de convaincre le juge ; il faut donc nous convaincre nous-mêmes et suivre d'instinct le précepte du poëte : *si vis me flere.*

Est-ce cela ? — Eh bien, non ! — Il n'y a pas de préoccupation du but à atteindre. Nul souci du résultat à conquérir, ou, du moins, nous n'en avons pas conscience.

Nous ne songeons pas au juge, nous ne songeons pas à notre client. — Nous voulons savoir !

Ici, Messieurs, entendons-nous bien. — Il y a des procès qui provoquent un intérêt spécial.

Lorsqu'un homme est accusé d'un crime, que les conjectures abondent pour lui, contre lui, que le doute naît, un doute poignant quelquefois et qu'on veut résoudre à tout prix,

Lorsqu'un mari, une femme demandent une séparation et qu'il faut recomposer avec quelques faits combattus, avec quelques fragments de correspondance, avec les plus fugitifs épanchements d'une autre époque, les angoisses d'un cœur et l'histoire d'une destinée humaine.

Ce sont là des procès exceptionnels — moins des procès que des drames — dans lesquels tout le monde comprend que l'avocat puisse éprouver une curiosité d'esprit particulière et poursuivre, dans son cabinet, un travail analogue à celui de l'auteur dramatique essayant de comprendre la trempe des caractères et le jeu des passions.

Ce n'est pas de ces procès, ce n'est pas de cette curiosité que je parle. Oserai-je vous le dire, Messieurs, ce n'est pas celle-là qui fait l'intérêt et la valeur de notre profession.

Je parle d'une autre curiosité plus sereine, et, si vous me passez l'ambition du mot, plus philosophique.

Une curiosité tout intellectuelle, qui s'attache uniquement à découvrir ce qui est vrai et dont l'intérêt est tout aussi réel dans l'affaire la plus vulgaire, dans un débat de chiffres ou de témoignages contradictoires, que dans le procès le plus émouvant.

La difficulté, le problème à résoudre ont donné le branle à notre esprit. Il va à la découverte pour son propre compte. Il s'anime, il devine, il se passionne, il revient, il recommence ; c'est la vérité qu'il veut, pour elle, pour sa beauté propre, pour la seule satisfaction de la voir.

Quelle joie pour l'avocat quand il rencontre tout à coup dans un document nouveau, dans la portée, d'abord inaperçue, d'un acte, une preuve, une confirmation décisive de la vérité jusque-là plutôt pressentie que trouvée !

Quelle émotion, si la découverte est contraire !

Enfin, notre œuvre s'achève. Dans cette masse de faits,

d'idées, de sentiments, de preuves qui se heurtaient, nous tenons la ligne de faîte. Elle se brise, elle s'interrompt encore ; mais elle se commande et se correspond de sommets en sommets.

Notre conviction est faite. Un autre travail commence. Aussitôt après l'opinion, la mise en œuvre ; après l'étude, la plaidoirie.

Ces faits que nous venons d'étudier si curieusement, nous les reprenons encore. Mais il ne s'agit plus cette fois d'une analyse impartiale : nous en recherchons l'enchaînement, la relation, la dépendance. Nous leur demandons une conclusion ; nous voulons leur faire produire une conséquence ; nous les jetons dans l'action ; ils prennent la valeur de troupes rangées : ce sont des combattants.

Ceux-ci sont favorables ; nous leur cherchons des vraisemblances, des affinités, des appuis ;

Ceux-là sont hostiles ; nous les scrutons, nous les querellons, nous les entrechoquons en contradictions qui les détruisent l'un l'autre. Il faut les éliminer, il faut s'en défaire. Qu'ils meurent, Messieurs, c'est l'ennemi !

Ce n'est pourtant pas là la partie la plus élevée de la tâche.

Nous n'avons parlé que des faits. — Mais ces faits, ces conventions, ces preuves qu'il faut d'abord étudier en eux-mêmes, nous ne pouvous en saisir la valeur, nous ne pouvons assigner à chacun la place et la portée qui lui conviennent qu'en les soumettant au contrôle de règles qui les dominent et les jugent.

Nous sommes en présence du droit., — de la plus haute et de la plus indispensable des études que puisse faire un avocat ou un magistrat.

Si vous entendez dire que c'est là œuvre inutile, que les répertoires ou les annotations de codes ont rendu la science facile; que la sagacité dans l'étude des faits est le moyen le plus sûr ; que la conscience est le meilleur juge, et l'équité la meilleure règle, jeunes gens, n'en croyez rien ! Soyez persuadés que, sans une étude profonde du droit, on ne saurait ni plaider ni juger.

Le droit, vous ne l'avez vu jusqu'ici, Messieurs, que dans les livres ou les cours de vos professeurs, savant et abstrait. Le palais vous le montrera en action.

Il vous est apparu comme un fleuve majestueux, poussant d'un mouvement insensible vers un but inconnu, comme autant de forces inutiles, ses flots uniformes et décolorés.

A ce fleuve immense, dans lequel les anciens voyaient un Océan, *Pelagus juris*, nous n'empruntons chaque jour qu'un mince filet d'eau. Mais combien l'usage et le mouvement rachètent la profondeur ! Cette eau court dans ses canaux étroits; elle se répand ou elle se précipite en nappes ou en chutes, elle arrose les terres, elle fait mouvoir les puissants cylindres; c'est elle qui vivifie la culture, qui féconde l'industrie, qui règle tout le labeur humain !

Ne faites pas cependant les avocats plus modestes qu'ils ne le sont. N'allez pas croire que, dans cette application restreinte aux espèces particulières, leur esprit prenne l'habitude des analyses infinitésimales et devienne incapable de ressaisir la grandeur et la beauté de l'ensemble.

Les questions les plus étroites en apparence dépendent de textes généraux, de textes dont le sens se montre et se dérobe, et c'est ce sens exact qu'il faut saisir pour atteindre la solution.

Tantôt vous marchez sur des chemins découverts, entourés de guides, comparaisons des textes, commentaires des auteurs, solutions de la jurisprudence ; œuvre de tact et de discernement !

Tantôt, au contraire, vous poursuivez la réponse à travers une série de déductions purement logiques de l'exactitude desquelles vous n'avez d'autre preuve que leur rigueur. — Les lumières naturelles s'éteignent. C'est le domaine de la raison pure. — Travail vraiment scientifique! Effort d'esprit comparable à celui du mathématicien cherchant, dans une suite d'obscurs calculs, un résultat qui ne peut apparaître que lorsque la dernière équation est résolue?

D'ailleurs, combien de fois n'arrive-t-il pas que le texte est muet, ou obscur, ou d'exception, ce qui ne permet pas de l'étendre au-delà de sa lettre ?

Force est bien alors de retrouver le principe général qui domine les textes, que les textes supposent et qu'ils n'expriment point, dont ils ne sont eux-mêmes que la manifestation quelquefois infidèle.

Au risque d'avoir l'air de faire un jeu de mots, je vous dirai, Messieurs, qu'il faut souvent remonter de l'étude de la loi à l'étude des lois qui sont, dit Montesquieu, les rapports nécessaires qui découlent de la nature des choses.

Cette seule définition suffit à vous apprendre que nous ne sommes déjà plus sur le terrain du droit pur. Nous sommes à ces confins où toutes les sciences de l'esprit se touchent, bien plus pour se pénétrer réciproquement que pour se limiter l'une l'autre.

Vous ne cherchez à résoudre qu'un point de droit. Dans cette recherche du juste, vous passerez-vous du secours de l'économie politique, qui est la science de l'utile, ou de celui de la morale, qui est la science du bien? Ne vous faudra-t-il pas avoir recours à l'histoire, afin de savoir ce que les événements du passé ont pu mêler d'alliage humain au métal impérissable? N'êtes-vous pas obligés de connaître le cœur dont les instincts ou les besoins gardent, mieux que toutes les lois, l'empreinte de la main qui créa les lois ?

Un instinct supérieur nous dit que la vérité est une, partout et toujours identique à elle-même ; mais ces divisions d'un même tout, faites pour la faiblesse de notre esprit et qu'on nomme les sciences, ne gardent chacune qu'une parcelle de la vérité, et le seul moyen que nous ayons de nous assurer d'elle est de rapprocher les fragments et de trouver, dans leur concordance, une garantie de sa certitude.

Par instants, les faits multiples et contingents, les aspirations de notre cœur, les sciences elles-mêmes perdent leur valeur propre et ne sont plus que les signes à l'aide desquels nous parvenons à déchiffrer les lois supérieures. — C'est ainsi que les mondes qui roulent dans l'espace ne sont cependant, pour l'astronome, que les témoins et les preuves des lois qui règlent leurs évolutions.

Il semble à l'esprit, perdu dans cette recherche, qu'il arrive à soulever un coin du voile qui nous cache l'ordre éternel et que la volonté divine lui apparaît elle-même dans les faibles traces qu'il lui a plu de laisser surprendre aux yeux mortels.

Messieurs, je viens de vous indiquer quelques-uns des travaux de l'avocat.

Vous l'avez vu occupé d'intérêts qui ne sont pas les siens, — ce qui lui fait du dévouement une habitude aussi bien qu'un devoir. — Vous l'avez vu se passionnant pour ces intérêts, parce qu'il était forcé de les considérer tous par leur côté général. — Vous l'avez vu conduit par l'évolution naturelle de ses études jusqu'aux régions supérieures de la pensée.

J'ai écarté à dessein les côtés de son rôle qui soulèvent des questions d'art et de talent, les luttes de l'audience, par exemple. Je n'ai pas parlé davantage de la force d'esprit qu'il peut déployer ou du succès qu'il peut obtenir dans ces études difficiles.

Vous comprenez pourquoi. J'ai voulu vous montrer, dans son travail intime, l'homme que chacun de nous peut être, doit être.

Ce qui importe ici, c'est la nature du travail, la nécessité de l'effort, — l'aspiration : car c'est elle qui communique à l'homme sa vertu et le maintient dans une autre atmosphère que celle des intérêts vulgaires et des passions d'en bas.

L'homme vit d'une idée ou d'un sentiment. Ceux-ci poursuivent la fortune ; ceux-là, l'ambition, ou l'art, ou la science.

Toute leur vie se déroule autour de cette passion habituelle et dominante. C'est elle qui développe et modèle l'homme intérieur ; l'âme finit à la longue par garder d'elle-même le pli qu'on lui donne chaque jour.

L'avocat s'attache à l'idée du bien et à l'idée du vrai, et ces deux idées sont, vous ne l'ignorez pas, deux des fondements de la conscience.

Sa vie tout entière est une perpétuelle préoccupation — *constans et perpetua voluntas* — d'atteindre à la justice et à la vérité.

Ne vous étonnez donc pas de trouver l'avocat à la hauteur de ses devoirs ; ne vous demandez pas d'où lui viennent les vertus qni, depuis tant de siècles, soutiennent son institution. N'en cherchez pas l'origine dans les règles de son ordre, cherchez plutôt l'origine des règles dans son propre cœur !

Il est indépendant et courageux : car l'indépendance n'est que la puissance et le besoin d'avoir une conviction personnelle, de n'obéir qu'à elle et de la faire respecter.

Il est désintéressé. Mais qu'est-ce que le désintéressement, si ce n'est la claire perception d'un intérêt supérieur à l'intérêt matériel et la préférence accordée à ce qui est préférable ?

Il est dévoué. Comment ne le serait-il pas ? Quand la généreuse passion de la justice s'est allumée en lui, dépendrait-il de lui de l'éteindre et tomberait-elle à son commandement ?

Ces vertus, nécessaires à l'avocat, jeunes gens, je n'ai pas besoin de vous les recommander, pas plus que vous n'avez besoin de les apprendre. Elles sont en vous l'apanage de votre âge et de votre générosité native.

C'est le spectacle de la vie qui corrompt, la vue du succès obtenu par de mauvais moyens, de la platitude triomphante, de la force séparée du droit.

Combien se sont perdus qui n'étaient pas faits pour se perdre ! Ils ont eu sous les yeux des exemples démoralisants. Un jour est venu où ils ont dit : Pourquoi pas, moi aussi ? — Et ils ont sombré.

Confiez, Messieurs, le dépôt de vos vertus innées à vos confrères, à vos anciens. Ils sauront vous le rendre, sinon accru, du moins fortifié et au-dessus des épreuves et des tentations.

Ils vous apprendront qu'il n'est qu'un sûr moyen d'obtenir le succès : c'est de le mériter. Que la fortune dit comme Alexandre : « Au plus digne ! » et que si, par exception, elle ne le disait pas, la conscience suffit pour consoler de ses injustices.

C'est dans cet esprit, qui est l'esprit même du droit, que se poursuivront nos conférences.

Je suis heureux, Messieurs, je vous l'ai déjà dit, d'avoir

à les diriger. Nous travaillerons ensemble. Je vous apprendrai ce que peut apprendre un homme qui s'est trompé souvent : à savoir douter, à croire que les problèmes juridiques sont difficiles, et que, la plupart du temps, lorsque nous les trouvons simples, c'est parce que nous ne savons pas en apercevoir la difficulté.

Vous, Messieurs, vous me communiquerez quelque chose de la séve qui monte encore en vous et qui déjà s'arrête en moi.

Vous avez déjà mon affection. Au bout de l'année, j'espère que j'aurai conquis la vôtre.

www.ingramcontent.com/pod-product-compliance
Lightning Source LLC
Chambersburg PA
CBHW070534050426
42451CB00013B/3011